Formen und Zahlen finden

1 Finde auf den Verkehrszeichen Kreise, Dreiecke und Vierecke!
Wie viele entdeckst du? Vergleiche mit deinen Mitschülern!

AF285544

	Kreise
	Dreiecke
	Vierecke

2 **a)** Finde im Zahlenfeld!

4	17	21	31	6	0
35	3	38	9	5	14
70	25	37	62	88	1
19	56	75	71	58	13

- die kleinste Zahl: ☐
- die größte Zahl: ☐
- alle geraden Zahlen: _____

- alle Zahlen zwischen 17 und 35: _____

b) 2 Felder rechts von ☐9☐ steht ☐ .

3 Felder über ☐19☐ steht ☐ .

4 Felder links von ☐88☐ steht ☐ .

2 Felder unter ☐3☐ steht ☐ .

☐ m

c) Finde versteckte Aufgaben!

Beispiel: | 4 | 17 | 21 |

$4 + 17 = 21$

Hinweise zu den Aufgaben

Finde und probiere eigene Lösungsideen!

Lerne gemeinsam mit anderen!

Übe und prüfe, was du schon kannst!

Aufgepasst! Eine schwierigere Aufgabe!

Zeichne!

⚠ Erkläre die Schilder! Erfinde Aufgaben dazu!

H	Z	E	.

1

1 Male und rechne!

a)

56 + 8 = ☐   23 + 35 = ☐   37 + 45 = ☐

b)

67 − 5 = ☐   86 − 34 = ☐   54 − 28 = ☐

c)

56 + 28 = ☐   41 − 28 = ☐   72 − 16 = ☐

2

3 2 + 1 6		4 3 − 9		9 3 − 2 7	
4 3 + 5 6		5 9 − 8		3 8 + 4 6	
5 + 7 2		7 8 − 3 4		8 5 − 3 8	
1 4 + 7 6		8 6 − 6 2		5 6 + 2 9	

3

+	3	13	8	28	
36					
46					
56					

−	4	14	7	37	
73					
83					
93					

4 a)

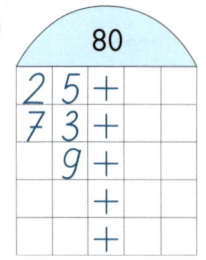

80	
2 5 +	
7 3 +	
9 +	
+	
+	

30	
9 0 −	
8 2 −	
− 1 2	
−	
−	

b)

5 6 +		= 9 9
3 8 +		= 7 3
	+ 1 8	= 4 5
5 0 −		= 2 6
	− 2 3	= 3 1
	− 4 4	= 1 7

60

100

H Z E

1 Rechne mit Pfiff!

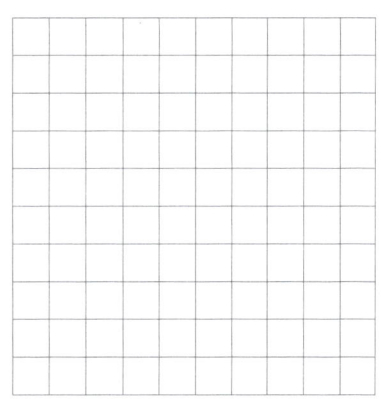

4 2 + 2 9			2 7 + 3 5 + 1 3			
3 9 + 3 9			2 6 + 4 2 + 2 8			
7 6 − 1 9			8 5 − 4 7 − 1 5			
8 2 − 5 9			7 4 − 5 9 − 1 5			

2

+ 8 →	
46	
	72
87	
	33

− 5 →	
42	
	86
55	
	71

+ 26 →	
37	
	89
58	
	100

− 17 →	
34	
	73
82	
	61

3 <, > oder = ?

7 + 6 8 ◯ 7 5	3 6 + 2 8 ◯ 6 3	4 2 ◯ 5 8 − 2 4
7 2 − 1 2 ◯ 8 4	8 1 − 3 7 ◯ 4 4	7 3 ◯ 4 5 + 3 9
7 2 + 1 2 ◯ 6 0	4 7 + 2 6 ◯ 1 8	1 0 ◯ 9 9 − 8 9
7 1 − 1 2 ◯ 5 9	4 6 − 2 7 ◯ 1 8	2 1 ◯ 8 8 − 6 9

4

Male das Muster im Hunterfeld farbig aus! Bilde zu deinem Muster passende interessante Rechenaufgaben und löse sie!

Wiederholung: Multiplizieren und Dividieren bis 100

1 Ordne jedem Bild die passende Aufgabe zu! Rechne!

6 · 9	4 · 5	7 · 8	2 · 3

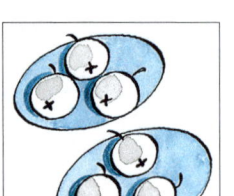 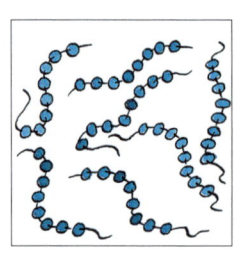  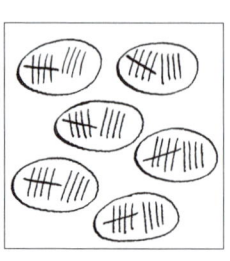

2 **a)** Bilde zu den Figuren passende Mal-Aufgaben!

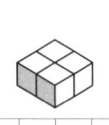 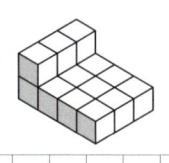 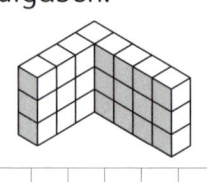 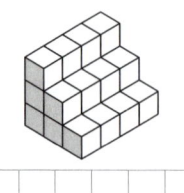

b) Bilde dazu Tauschaufgaben!

c) Bilde die zugehörigen Umkehraufgaben!

3 Bilde zu den Zahlen Geteilt-Aufgaben!

12   12 : 2 =   12 : 3 =
18
24

4 <, > oder = ?

a)
45 : 5	◯	45 : 9
18 : 2	◯	64 : 8
50 : 5	◯	20 : 2

b)
32 : 8	◯	32 : 4
25 : 5	◯	24 : 8
16 : 4	◯	16 : 2

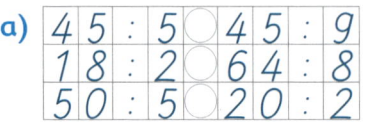

Wiederholung: Aufgaben mit verschiedenen Rechenarten

1 Schreibe passende Aufgaben!
Rechne und überprüfe deine Ergebnisse!

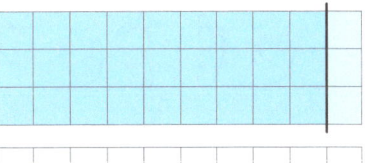

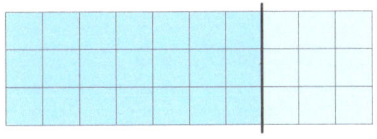

$3 \cdot 7 + 3 \cdot 3 =$

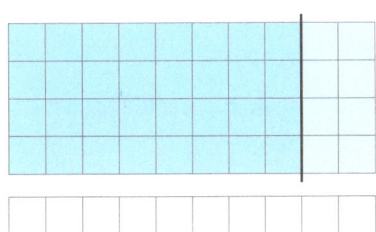

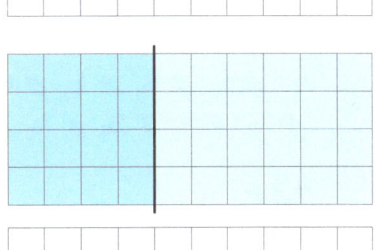

2

$5 \cdot 6 + 22 =$	$36 : 6 + 94 =$	
$7 \cdot 9 - 21 =$	$58 - 48 : 8 =$	
$94 - 6 \cdot 7 =$	$81 : 9 + 16 =$	
$18 + 4 \cdot 6 =$	$64 - 8 \cdot 8 =$	

L: 0, 25, 42, 42, 52, 52, 52, 100

3

$22€ + 2 \cdot 9€ =$ ___ €	$14€ + 6 \cdot 6€ =$ ___ €
$9 \cdot 9€ + 19€ =$ ___ €	$66€ - 4 \cdot 4€ =$ ___ €
$89€ - 7 \cdot 7€ =$ ___ €	$8 \cdot 3€ + 56€ =$ ___ €

L: 40, 40, 50, 50, 80, 100

4 <, > oder =?

a)

$4 \cdot 7 + 42 \bigcirc 6 \cdot 7 + 28$
$5 \cdot 6 - 24 \bigcirc 3 \cdot 8 + 11$
$6 \cdot 5 + 24 \bigcirc 8 \cdot 3 - 11$

b)

$70 \bigcirc 9 \cdot 2 + 52$
$35 \bigcirc 5 \cdot 5 + 35$
$49 \bigcirc 4 \cdot 4 + 84$

Wiederholung: Teilen mit Rest

1  Zusammen sind es 20.

2 0 : 3 =		Rest		2 0 : 2			
2 0 : 5				2 0 : 4			
2 0 : 7				2 0 : 8			
2 0 : 9				2 0 : 6			

2 Anna hat mit Blütenblättern Muster gelegt. Sie hat 32 Blütenblätter. Setze die Muster fort! Schreibe und rechne!

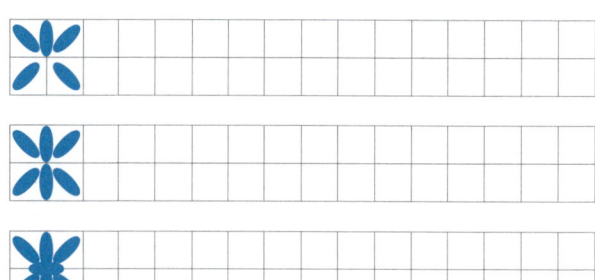

3 2 : 4 =

3 2 : 5 =   R

3

1 6 : 5 =	R			2 1 : 6				
2 3 : 3				1 9 : 2				
3 1 : 4				6 1 : 6				
4 6 : 6				: 8 = 4 R 1				
5 4 : 7				: 6 = 8 R 1				

 Was fällt dir auf?

4 Immer Rest 3. Kreuze diese Aufgaben an!

3 7 : 4	4 9 : 8	5 2 : 7	7 5 : 9
3 8 : 5	3 9 : 6	3 0 : 9	4 5 : 6
1 9 : 8 ✗	2 5 : 7	2 7 : 6	8 4 : 9
4 5 : 6	2 4 : 7	4 4 : 8	7 4 : 8

5 Ergänze!

Monat	Januar	Februar	März		
Wochen					
Tage					

Körper, Flächen, Linien

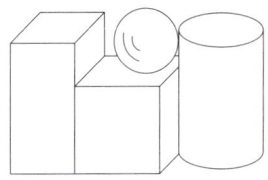

1 Welche Körper berühren sich?

Die Kugel berührt _____ .

Der Quader berührt _____ .

Der Zylinder berührt _____ .

Der Würfel berührt _____ .

2 Ergänze zu

 a) einem Dreieck,   **b)** einem Quadrat,   **c)** einem Rechteck!

   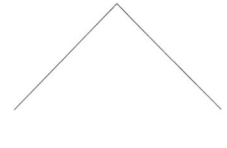   

3 Zeichne frei Hand

 a) eine 5 cm lange Strecke,   **b)** einen rechten Winkel,

c) eine 4 cm lange Strecke und einen Kreis mit einem Durch- messer $\overline{AB}$ = 4 cm,

d) drei zueinander parallele Strecken im Abstand von je einem Zentimeter!

e) Prüfe deine Zeichnungen durch Nachmessen!

Schätzen und Zählen

1 Wie viele Früchte sind es?

		Anzahl der		Anzahl
	Kirschen	Pflaumen	Erdbeeren	aller Früchte
geschätzt				
gezählt				
Unterschied				

2 Wie viele Figuren sind es?

		Anzahl der		Anzahl
	Kreise	Dreiecke	Quadrate	aller Figuren
geschätzt				
gezählt				
Unterschied				

3 Vergleicht eure Schätz- und Zählzahlen miteinander!

1 Wie viele Murmeln sind es?

a)

H	Z	E

b)

H	Z	E

2 Welche Zahlen haben die Kinder gemalt?

Laura:

Tim:

Maria: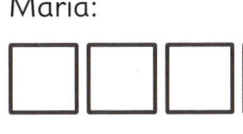

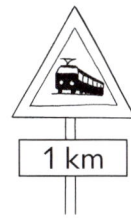

1 km

3 Zeichne wie in Aufgabe 2!

1 2 3   2 4 1   6 0 5

4 Lea sagt: „Ich male ein Quadrat, 2 Striche und 5 Punkte."
Ihre Zahl ist [   ]. Stellt euch auch solche Aufgaben!

5 a)

T	H	Z	E	Zahl
	••• •••	• •	•	
	•	•	•	
	•• ••	••		
	• •		•••• ••••	
				403
				750
				217
				602

b) Welche Zahlen können es sein?

Tim malt bei der 1. Zahl einen Punkt dazu.

Maria löscht bei der 2. Zahl einen Punkt.

Anne malt bei der 3. Zahl einen Punkt dazu.

Nachbarzahlen

1 Ergänze!

a)
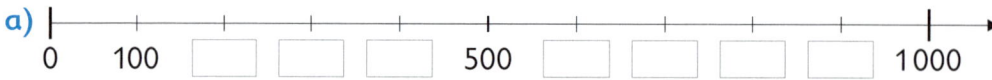

| 0 | 100 | ☐ | ☐ | ☐ | 500 | ☐ | ☐ | ☐ | ☐ | 1000 |

b)

Nachbar-hunderter	Zahl	Nachbar-hunderter
	132	
	785	
	903	

c)

Nachbar-zehner	Zahl	Nachbar-zehner
	327	
	591	
	404	

2 Ergänze!

a)
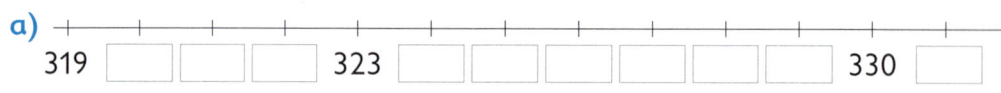

319 ☐ ☐ ☐ 323 ☐ ☐ ☐ ☐ ☐ 330 ☐

b)
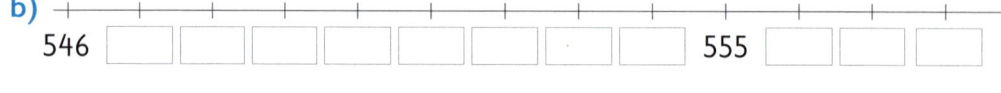

546 ☐ ☐ ☐ ☐ ☐ ☐ ☐ 555 ☐ ☐ ☐

c)
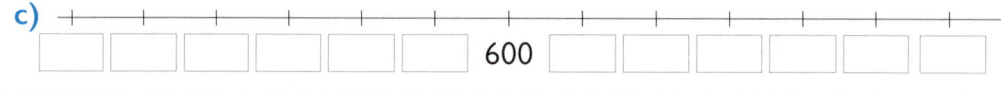

☐ ☐ ☐ ☐ ☐ 600 ☐ ☐ ☐ ☐ ☐

3

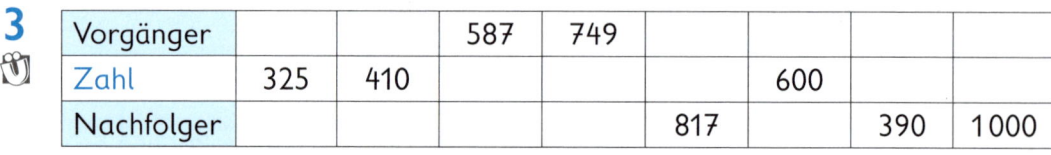

Vorgänger			587	749				
Zahl	325	410				600		
Nachfolger					817		390	1000

4 a) Zahlen zwischen 817 und 822: _____

Gerade Zahlen zwischen 97 und 105: _____

Ungerade Zahlen zwischen 192 und 203: _____

_____

b) Wie viele Zahlen liegen zwischen 413 und 430? ☐

c) Wie viele gerade Zahlen liegen zwischen 510 und 530? ☐

700 m

Zahlenstrahl und Zahlenstrich

1 Ergänze!

a)
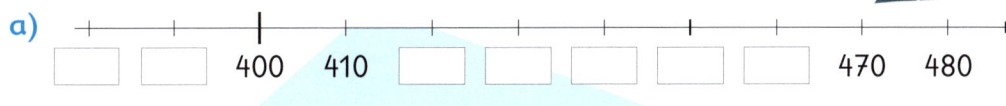

| | | 400 | 410 | | | | | | 470 | 480 |

b)
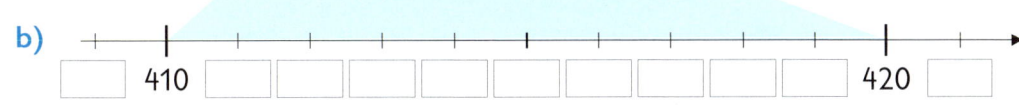

| | 410 | | | | | | | | | 420 | |

2 Welche Zahlen könnte Laura markiert haben?

a)

0 · 100 · · · 300

b)

600 · · · 700

c)
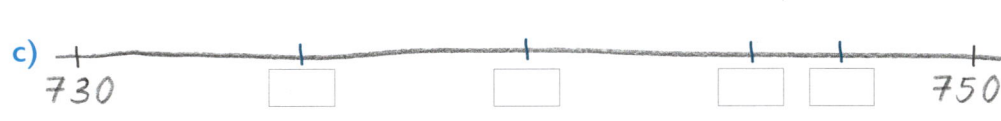

730 · · · · 750

3 Zeichne Zahlenstriche

a) mit 200, 300, 500, 600;

b) mit 310, 340, 370, 380;

c) mit 820, 822, 830, 845, 850!

1 Ergänze alle geraden Zahlen!

Achtung Einbahnstraße!

302				310
				380
392				

2 Links von [349] ist [ ].

Rechts von [303] ist [ ].

Links von [ ] ist [382].

Rechts von [ ] ist [307].

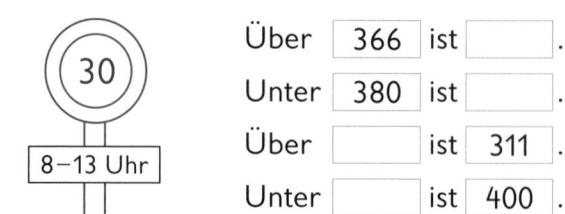
30
8–13 Uhr

Über [366] ist [ ].

Unter [380] ist [ ].

Über [ ] ist [311].

Unter [ ] ist [400].

3 Ergänze die fehlenden Zahlen

a) für Teile aus Aufgabe 1,

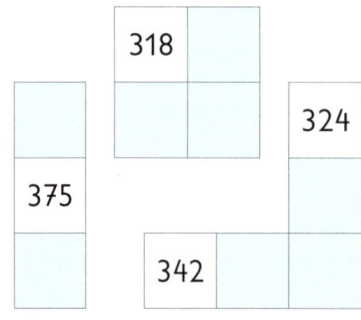

318

324

375

342

b) für Teile aus anderen Hundertertafeln!

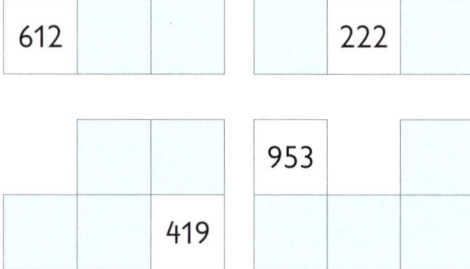

612

222

953

419

Wege auf einer Hundertertafel

1 Zeichne die Wege auf der Hundertertafel mit verschiedenen Farben ein und ergänze die Zahlen!

501									510
									600

1. Weg:

Start auf dem Feld: 555

3 Schritte nach links:

4 Schritte nach oben:

2 Schritte nach rechts:

6 Schritte nach unten:

2. Weg:

Start auf dem Feld: 513

5 Schritte nach unten:

2 Schritte nach rechts:

3 Schritte nach oben:

4 Schritte nach rechts:

3. Weg:

Start auf dem Feld: 502

4 Schritte nach unten:

5 Schritte nach rechts:

3 Schritte nach links:

4 Schritte nach unten:

4. Weg:

Start auf dem Feld:

2 Schritte nach oben:

4 Schritte nach links:

2 Schritte nach rechts:

3 Schritte nach unten: 597

Vergleichen und Ordnen der Zahlen bis 1000

1 Vergleiche! Schätze vorher, wo jede Zahl ungefähr auf dem Zahlenstrahl liegt!

```
0   100  200  300  400  500  600  700  800  900  1000
```

219 ◯ 377	900 ◯ 548	624 ◯ 426
880 ◯ 94	738 ◯ 285	381 ◯ 385
666 ◯ 629	304 ◯ 199	276 ◯ 237
425 ◯ 225	856 ◯ 568	765 ◯ 675

2 <, > oder = ? Du kannst auch Legematerial nutzen.

620 ◯ 521	175 ◯ 116	353 ◯ 407
37 ◯ 106	364 ◯ 308	866 ◯ 686
455 ◯ 293	921 ◯ 921	729 ◯ 927
846 ◯ 372	513 ◯ 559	436 ◯ 346

Unterstreiche die Aufgaben, die dir noch schwerfallen!

3 Bilde zu jeder Zahl die Spiegelzahl. Vergleiche dann beide Zahlen!

129 ◯ 921	714 ◯	255 ◯
382 ◯	956 ◯	864 ◯
506 ◯	484 ◯	793 ◯
632 ◯	162 ◯	303 ◯

4 Ordne zuerst von der kleinsten zur größten Zahl, dann umgekehrt!

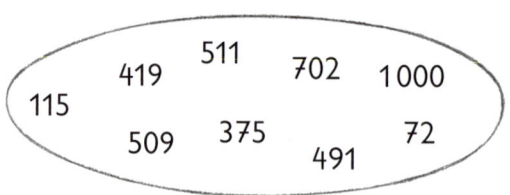

419 511 702 1000
115
509 375 491 72

72,

1000,

14

Näherungswerte

1 **a)**

Number line: 178 179 180 181 182 183 184 185 186 187 188 189 190

Zahl	181	188	178	183	184	187	194	
nächstgelegene Zehnerzahl								

b) Für welche Zahlen ist 140 die nächstgelegene Zehnerzahl?

_____

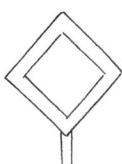

2

Zahl	117	352	492	504	889	893	775	
nächstgelegene Zehnerzahl								
nächstgelegene Hunderterzahl								

Kreuze die Näherungswerte an, bei denen du unsicher bist!

3 **a)** Gib immer einen sinnvollen Näherungswert an!

- In der Grundschule lernen 378 Kinder. ☐
- Tina ist 139 cm groß. ☐
- Im Regal stehen 191 Bücher. ☐
- Der Schrank kostet 289 Euro. ☐
- Im Konzert waren 916 Besucher. ☐

b) Sprich mit deinen Mitschülern über die Näherungswerte!

4 Kann das sein? Kreuze an!

a) Eine Birke ist 800 m hoch. ○ ja ○ nein

b) Ein Tag ist 240 min lang. ○ ja ○ nein

c) Ein Tisch kostet 199 €. ○ ja ○ nein

d) Ein Mensch kann in einer Minute 1000 m laufen. ○ ja ○ nein

Geldbeträge bis 1000 Euro

 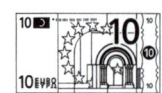    

1 Schreibe auf, wie du mit möglichst wenigen Scheinen bezahlen würdest!

625 € = 500 € +
970 €
475 €
765 €
790 €

2 Lege jeden Betrag mit fünf Scheinen! Schreibe passende Aufgaben!

825 €	500 € +
475 €	
870 €	
60 €	
805 €	
50 €	

3 a) Schreibe ohne Komma!

7,36 € =		€	₵
9,08 €			
4,50 €			
39,11 €			

b) Schreibe mit Komma!

6 € 73 ₵ =		€
8 € 4 ₵		
6 € 30 ₵		
78 € 72 ₵		

4 Vergleiche!

14,19 € ○ 9,86 €		294,26 € ○ 351,03 €
98,74 € ○ 89,47 €		802,04 € ○ 807,15 €
34,14 € ○ 14,34 €		500,02 € ○ 300,02 €
81,02 € ○ 82,01 €		748,10 € ○ 74,10 €

H	Z	E

Meter, Zentimeter, Millimeter

1 Schätze und überprüfe durch Messen die Länge der Strecken!

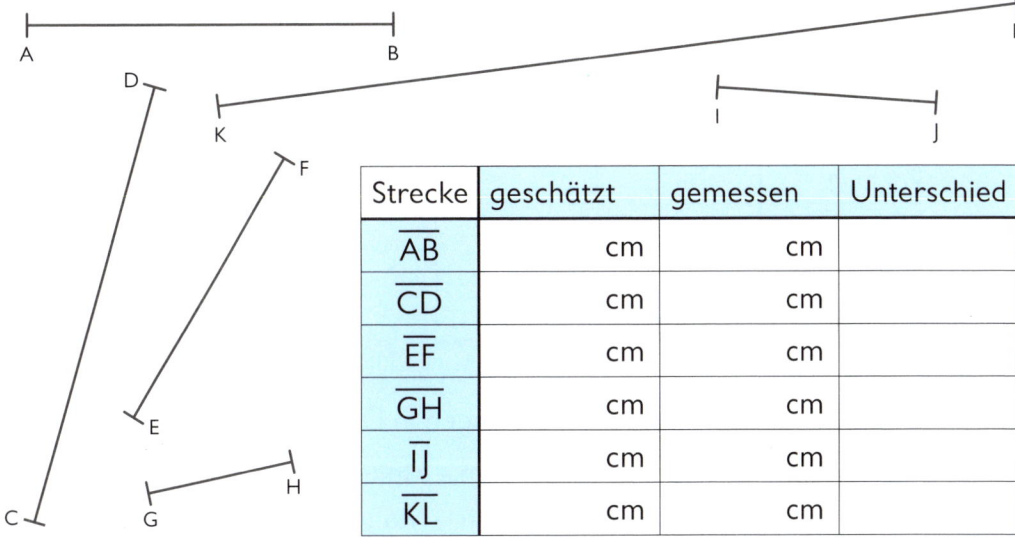

Strecke	geschätzt	gemessen	Unterschied
$\overline{AB}$	cm	cm	
$\overline{CD}$	cm	cm	
$\overline{EF}$	cm	cm	
$\overline{GH}$	cm	cm	
$\overline{IJ}$	cm	cm	
$\overline{KL}$	cm	cm	

2 Gib jede Länge in drei verschiedenen Schreibweisen an!

523 cm	5 m 23 cm	
	8 m 40 cm	
		6,08 m
		7,35 m

3 Schneide einen 1 m langen Faden ab! Zerschneide den Faden dann in einen $\frac{1}{2}$ m langen Teil und in zwei $\frac{1}{4}$ m lange Teile! Ergänze die Tabelle!

$\frac{1}{2}$ m	$\frac{1}{4}$ m	$\frac{3}{4}$ m
cm	cm	cm
mm	mm	mm

4 Messt 50 m, 100 m und 200 m lange Wegstrecken ab und ermittelt, wie viel Zeit ihr für die Wege benötigt! Schätzt vorher!

Seebad 200 m

	gehen			laufen		
	50 m	100 m	200 m	50 m	100 m	200 m
geschätzt						
gemessen						

Kilometer

1 **a)** Mein Schulweg ist [   ] m oder [   ] km lang.

b) Ergänze die Angaben für den Hin- und Rückweg!

Schultage	gesamte Wegstrecke		gesamte Zeit für die Schulwege	
	in m	in km	in min	in h und min
1				
4				
9				
10				

2

Entfernungen in Deutschland:

1. Potsdam – Halle: 142 km
2. Dresden – Magdeburg: 229 km
3. Schwerin – Erfurt: 473 km
4. Berlin – Leipzig: 190 km
5. Rostock – Eisenach: 549 km

a) Ordne die Entfernungen! Beginne mit der kürzesten!

_____

b) Markiere für die Entfernungen Näherungswerte auf dem Zahlenstrahl!

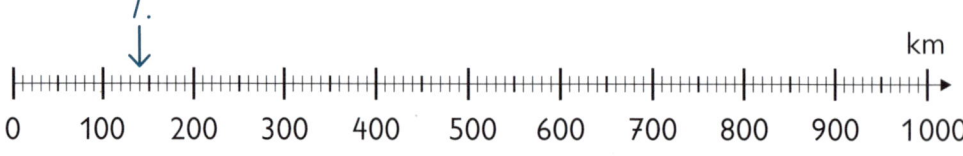

```
1.
↓
├┼┼┼┼┼┼┼┼┼┼┼┼┼┼┼┼┼┼┼┼┼┼┼┼┼┼┼┼┼┼┼┼┼┼┼┼┼┼┼┼┼┼┼┼┼┼┼┼┼┼┼►
0    100   200   300   400   500   600   700   800   900  1000                                   km
```

c) Erkunde die Entfernung von deinem Heimatort zu einer großen Stadt, in die du gern reisen würdest!

von _____ bis _____ [   ] km

3 **a)** Vergleiche!

7 0 6	km	◯	7 5 1	km
5 1 2	km	◯	5 7 7	km
7 0 6	km	◯	3 9 1	km

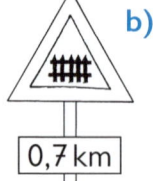

0,7 km

b) Ergänze!

0,5 1	km	=			m
0,3 6	km	=			m
			km	= 4 0 0	m

18

Aus der Knobelkiste

1 Setze die Zahlen 100, 200, 300, 400, 500, 600 so in die Zauberdreiecke, dass du stets 900 erhältst.

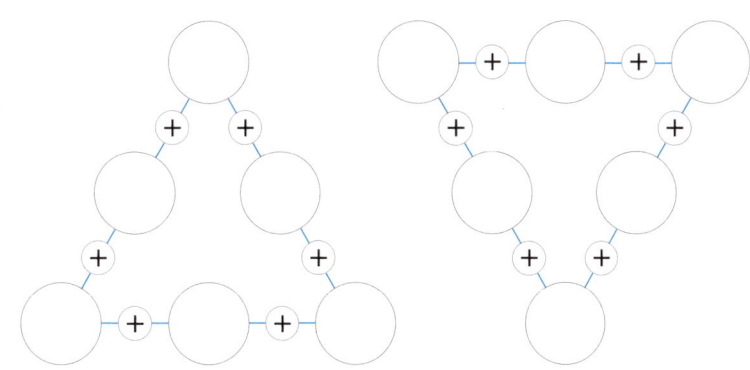

2 **a)** Maria ist doppelt so alt wie Tim. Aber in 9 Jahren wird Tim so alt sein, wie Maria heute ist. Wie alt sind beide heute?

b) Anne und Finn sind zusammen 23 Jahre alt. Aber Anne ist 7 Jahre jünger als Finn. Wie alt ist Anne? Wie alt ist Finn?

3

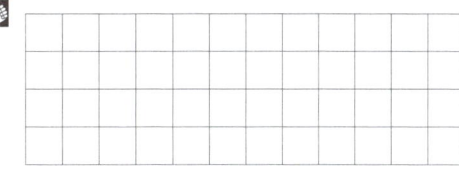

Aus wie vielen Kugeln besteht die Pyramide? Ihre Grundfläche ist quadratisch.

4 **a)** +, −, · oder :?

$2 \bigcirc 2 = 1$
$2 \bigcirc 2 \bigcirc 2 = 2$
$2 \bigcirc 2 \bigcirc 2 \bigcirc 2 = 3$
$2 \bigcirc 2 \bigcirc 2 \bigcirc 2 \bigcirc 2 = 4$

b) Erfinde selbst solche Aufgaben!

5 In einer Stunde fahren wir etwa 100 km. Dann benötigen wir für:

Dresden 250 km

a) 150 km etwa

b) 250 km etwa

c) 400 km etwa

1 Male und rechne!

237 + 300 = ☐☐☐   242 + 37 = ☐☐☐

421 − 200 = ☐☐☐   367 − 24 = ☐☐☐

2 Du kannst mit Rechengeld legen und rechnen.

400 + 200		900 − 700
358 + 500		732 − 300
566 + 8		670 − 20
840 + 50		293 − 7
431 + 58		978 − 32

L: 200, 286, 432, 489, 574, 600, 650, 858, 890, 946

3 Du kannst am Zahlenstrahl rechnen.

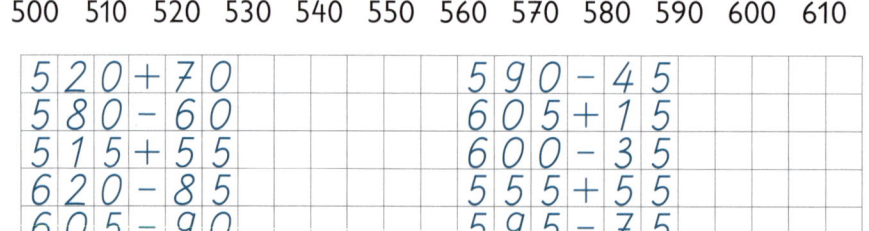

500 510 520 530 540 550 560 570 580 590 600 610 620

520 + 70		590 − 45
580 − 60		605 + 15
515 + 55		600 − 35
620 − 85		555 + 55
605 − 90		595 − 75

L: 515, 520, 520, 535, 545, 565, 570, 590, 610, 620

4

300 + 600		596 + 8
800 − 200		945 − 7
580 − 200		800 − 60
630 + 50		421 + 73
770 − 40		264 − 31

L: 233, 380, 494, 600, 604, 680, 730, 740, 900, 938

1 a)

200 + 500	700 − 600
658 + 300	819 − 400
926 + 70	580 − 60
423 + 46	793 − 9
336 + 7	287 − 33
450 + 150	960 − 600

L: 100, 254, 343, 360, 419, 469, 520, 600, 700, 784, 958, 996

b) Erklärt euch eure Rechenwege.
Welche sind günstig?

2

376 + 600	752 − 200
488 + 500	864 − 300
243 + 700	697 − 600
610 + 50	980 − 10
60 + 530	290 − 90
60 + 480	820 − 90

L: 97, 200, 540, 552, 564, 590, 660, 730, 943, 970, 976, 988

3

476 + 8	532 + 56
622 − 5	976 − 22
851 + 7	716 + 71
394 − 6	295 − 13
568 + 9	426 + 74
903 − 5	859 − 22

L: 282, 388, 484, 500, 577, 588, 617, 787, 837, 858, 898, 954

4

+	9	50	37	200
600				
320				
732				

−	9	40	23	400
800				
990				
668				

5

+				
	408	430	441	700
	448	470	481	
	544	566		836

−				
	593		581	500
	663	620	651	570
		714	745	664

Rechenmuster und Rechenrätsel

1   Rechne! Was stellst du fest? Bilde selbst solche Aufgabenpaare!

6 3 0 – 2 7 0				4 8 2 – 9 0	
6 3 0 – 3 6 0				4 8 2 – 3 9 2	
3 4 2 – 4 5				5 7 6 – 3 5 2	
3 4 2 – 2 9 7				5 7 6 – 2 2 4	

2   Finde die Regeln und setze die Folgen fort!

a)

355	375	395					

Regel: immer _____

b)

836	806	776					

Regel: immer _____

c)

450	480	470	500	490			

Regel: immer _____

d)

520	565	595	640	670			

Regel: immer _____

3   **a)** Ein Summand ist 573.
      Die Summe ist 900.
      Wie groß ist der zweite Summand?

    b) Berechne das Doppelte von 497!

    c) Der Minuend ist 770
      und die Differenz 317.
      Wie heißt der Subtrahend?

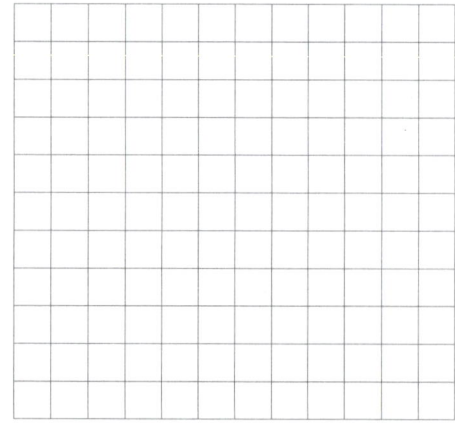

Gleichungen und Ungleichungen

1

$$250 + \boxed{} = 280 \qquad 872 - \boxed{} = 858$$

L: 7, 14, 30, 70, 320, 460, 518, 730

$$620 + \boxed{} = 690 \qquad 193 - \boxed{} = 186$$

$$\boxed{} + 70 = 800 \qquad \boxed{} - 16 = 444$$

$$\boxed{} + 60 = 380 \qquad \boxed{} - 9 = 509$$

---

2 Ergänze immer so, dass du 1 km erhältst!

980 m + ___ m	340 m + ___ m
907 m + ___ m	160 m + ___ m
953 m + ___ m	705 m + ___ m
600 m + ___ m	436 m + ___ m
890 m + ___ m	___ m + ___ m
100 m + ___ m	___ m + ___ m

L: 20, 47, 93, 110, 295, 400, 564, 660, 840, 900

---

3 Gib immer die kleinste und die größte Lösungszahl an!

a) 421 − ☐ < 361

b) 762 − ☐ > 756

c) 488 < ☐ − 498

d) 900 > 891 + ☐

e) ☐ − 60 > 450

f) ☐ + 280 < 279

4

a) Welche geraden Zahlen sind größer als 390, aber kleiner als 400?

b) Welche Zahlen kannst du zu 509 addieren, wenn die Summe kleiner als 515 sein soll?

Kilogramm und Gramm

1 Was kann stimmen? Kreuze an! Überprüfe mit einer Waage!

	geschätzt			gewogen
Lineal	250 g	36 g	4 g	
Filzstift	1 kg	150 g	10 g	
Metallschere	60 g	2 kg 500 g	10 g	
Übungsheft	1400 g	0,025 kg	140 g	
Mathematikbuch	350 g	5 300 g	0,53 kg	

2 Kreuze an, welche und wie viele Wägestücke du verwendest!

	1 kg	500 g	200 g	100 g	20 g	10 g	5 g	2 g	1 g
Bonbons 150 g									
Kartoffeln 3,5 kg									
Apfel 125 g									
Bananen 2028 g									
Möhren 1 kg 906 g									
Kirschen 988 g									

3 Wie viel Gramm fehlen immer?

a)

1 kg	1 kg	1 kg	1 kg
725 g	940 g	70 g	120 g

b)

800 g	750 g	500 g	775 g
$\frac{1}{2}$ kg	$\frac{1}{4}$ kg	112 g	$\frac{3}{4}$ kg

4 a) Schreibe mit Komma!

2417 g =   kg
9033 g
  19 g
6008 g

b) Schreibe ohne Komma!

4,376 kg =   g
0,984 kg
0,405 kg
4,5 kg

Liter

1 Erkunde jeweils, wie oft du das Wasser eines vollen kleinen
Gefäßes in das große Gefäß gießen musst, bis es voll ist!

geschätzt: ☐ Tassen ☐ Eierbecher ☐ Milchkrüge

gemessen: ☐ Tassen ☐ Eierbecher ☐ Milchkrüge

2 Berechne, wie viele Liter
von jedem Getränk
bestellt wurden und
vergleiche!

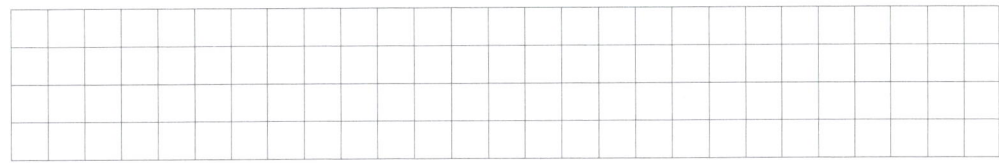

Bestellung für die Klassen 3a und 3b		
Getränk	$\frac{1}{2}$ l	$\frac{1}{4}$ l
Kakao	⊓⊔⊔ II	⊓⊔⊔ III
Fruchtmilch	III	IIII
Saft	IIII	⊓⊔⊔ IIII

3 **a)** Vergleiche!

7 0,3 5 4 l ◯	7 0,4 5 3 l
8,2 l ◯	8,0 0 2 l
6 5,8 1 0 l ◯	6 9,0 8 1 l
0,9 l ◯	9,0 l
8 8,1 0 0 l ◯	8 8,1 l
0,0 0 4 l ◯	0,4 l
$\frac{1}{2}$ l ◯	0,5 l

b) Ordne! Beginne mit
der kleinsten Angabe!

407,5 l   0,9 l   26,311 l

4,523 l   62,113 l

_____

_____

4 Ergänze immer zu einem Liter!

1 l		1 l		1 l		1 l	
0,4 l		0,75 l		$\frac{1}{2}$ l		0,92 l	

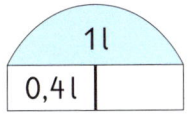 **25**

1 Auf einem Schulausflug können die Kinder eine Kugel Eis,
eine Waffel und eine Portion Streusel auswählen.

Schoko-eis	Erdbeer-eis	Vanille-eis	Frucht-waffel	Sahne-waffel	Schoko-streusel	Karamel-streusel
Es	Ee	Ev	Wf	Ws	Ss	Sk

a) Welche und wie viele verschiedene Möglichkeiten hat ein Kind
für die Auswahl einer Kugel Eis mit Waffel und Streuseln?

_____

_____

b) Vervollständige das Baumdiagramm zu dieser Aufgabe!

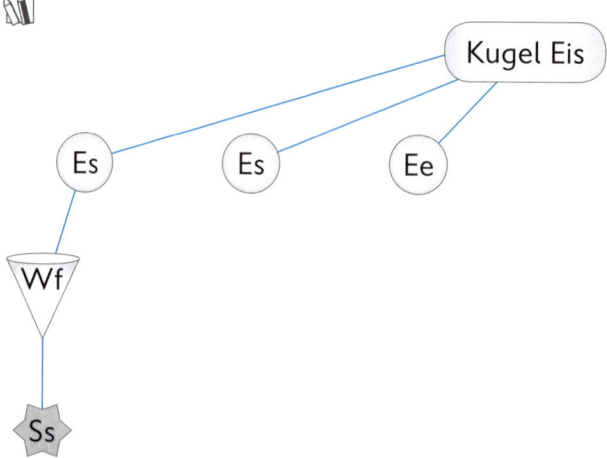

Kugel Eis

Es   Es   Ee

Wf

Ss

2 Die Kinder können während des Ausflugs zwei Getränke auswählen.

Wasser	**L**imonade	**E**istee	**F**ruchtsaft	**A**pfelschorle

Welche und wie viele Möglichkeiten gibt es hierfür?

_____

_____

Halbschriftliches Addieren und Subtrahieren bis 1000

1 Rechne! Du kannst Zahlen zerlegen oder Zwischenschritte aufschreiben.

$380 + 50 =$ ☐☐☐ $420 + 240 =$ ☐☐☐

$720 - 40 =$ ☐☐☐ $680 - 360 =$ ☐☐☐

$176 + 245 =$ ☐☐☐ $325 - 148 =$ ☐☐☐

....

2 Versuche nur wenige Zwischenschritte aufzuschreiben!

a) $760 + 80$ $670 + 250$

$653 + 83$ $565 + 278$

b) $830 - 70$ $670 - 250$

$426 - 73$ $978 - 324$

c) $480 + 190$ $980 - 390$

$523 + 168$ $734 - 322$

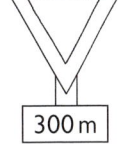

300 m

L: 353,
412,
420,
590,
654,
670,
691,
736,
760,
840,
843,
920

27

Rechenmuster

1 **a)** Ergänze das angefangene Muster so, dass es symmetrisch wird!
Trage die fehlenden Zahlen in das Muster ein!

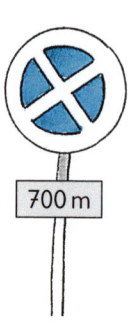

401				405						
	412	413								
	422	423								
441			444	445						
451			454	455						
	472	473								
	482	483								
491			495							

b) Finde zwei Zahlen in den Farbfeldern, die die Summe 901 ergeben!

c) Finde zwei Zahlen in den Farbfeldern mit der Differenz 9 oder 11!

d) Finde Zahlenpaare in den Farbfeldern, die die gleiche Summe ergeben!

2 Bilde zu deinem Muster weitere Aufgaben und löse sie!

Tiere und Pflanzen des Waldes

1 Toms Mutter arbeitet in einer Samendarre.
Dort werden aus Zapfen Samen für neue Nadelbäume gewonnen.

So viel benötigt man jeweils für 2000 neue Bäume!

Baumart	Zapfen	daraus gewonnenes Saatgut
Fichte	7 kg	40 g
Lärche	1,2 kg	60 g
Douglasie	10 kg	100 g

Stelle Fragen, rechne und antworte!

_____

_____

_____

_____

_____

_____

2 Tom hat im Internet folgende Informationen gefunden:

Eichhörnchen fressen täglich die Samen von bis zu
100 Fichtenzapfen. Das sind etwa 80 g bis 100 g.

Frage, rechne und antworte!

_____

_____

_____

_____

_____

Würfel, Quader, Kugel, Pyramide, Kegel, Zylinder

1 Benenne die Körper!

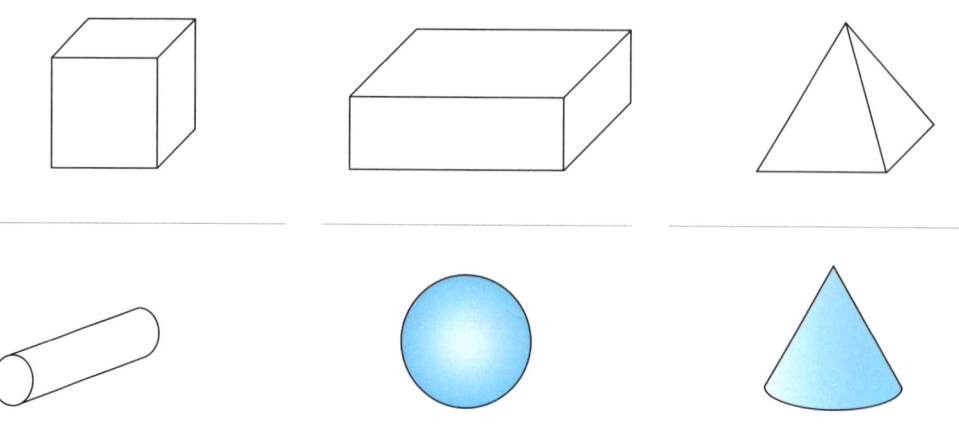

2 Du kannst immer zwei Teile zu einem Körper zusammensetzen.

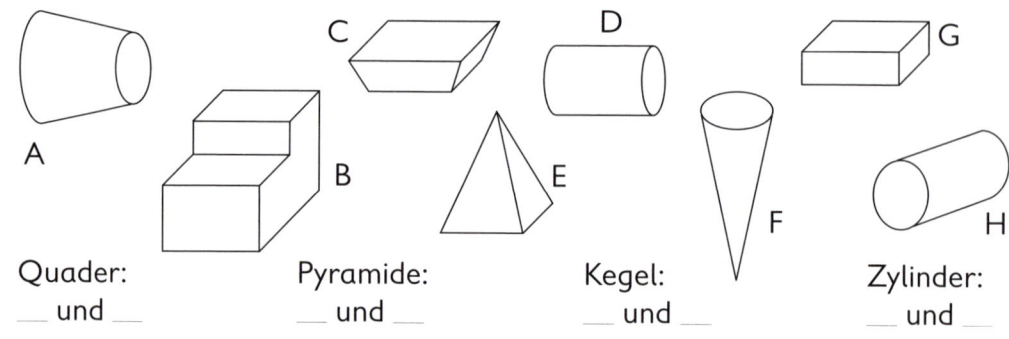

Quader:
___ und ___

Pyramide:
___ und ___

Kegel:
___ und ___

Zylinder:
___ und ___

3 a) Ergänze!
Versuche es
zuerst ohne
Modelle,
prüfe dann
mit Modellen!

Körper	Anzahl der		
	Flächen	Ecken/Spitzen	Kanten
Würfel			
Quader			
Kugel			
Pyramide			

b) Bei welcher Figur kann es verschiedene Anzahlen geben? Begründe!

_____

_____

_____

Baupläne

1 Ergänze zu jedem Bauwerk den Bauplan!

a)

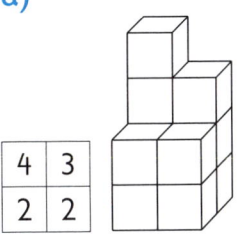

4	3
2	2

b)

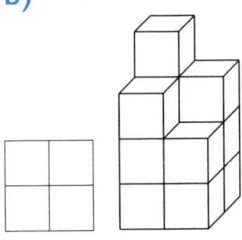

c)

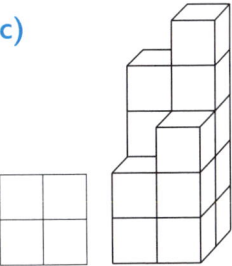

d)

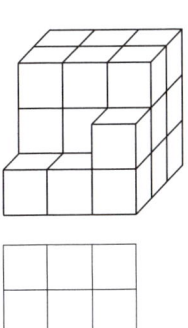

e)

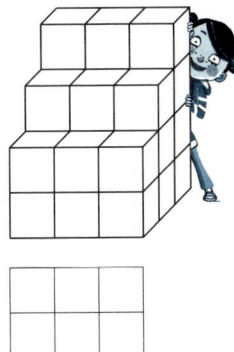

f)

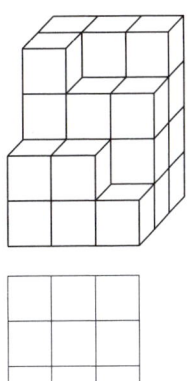

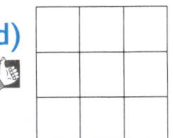

2 Baue nach den Bauplänen!

a)

3	4
1	2

b)

5	4
2	3

c)

1	3	4
2	1	2
4	4	4

d)

3 Finn hat aus dem Netz einen Würfel gebaut.
Ergänze die Würfelpunkte in jedem Schrägbild!

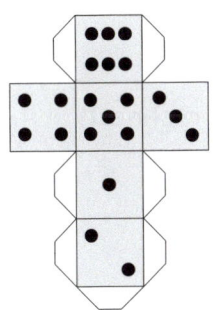

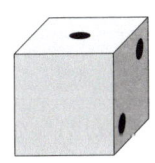

Schriftliches Addieren

1

H	Z	E
	3	2	4
+	5	7	2

H	Z	E
	6	1	3
+	2	6	6

H	Z	E
	4	0	2
+	3	7	7

H	Z	E
		7	4
+	9	1	2

H	Z	E
	2	4	1
+	5	4	8

	4	7	8
+	3	6	4

	2	5	4
+	7	4	6

		9	7
+	6	3	8

	8	6	7
+		8	5

L: 735, 779, 789, 842, 879, 896, 952, 986, 1000

2

Achtung! Rechenschritte beachten!

	3	6	5
+	4	3	5

	2	7	2
+	6	2	6

	5	4	6
+	3	8	5

	1	9	9
+	6	7	5

	2	4	0
+	6	3	9

	3	8	6
+	3	8	6

	2	0	8
+	7	9	2

	4	5	8
+	3	6	9

L: 772, 800, 827, 874, 879, 898, 931, 1000

3 Schreibe richtig untereinander und addiere schriftlich!

178 + 822
522 + 336
608 + 290
146 + 452

408 + 98
79 + 677
560 + 209
357 + 457

4 Entscheide immer selbst, ob du mündlich oder schriftlich rechnest!

299 + 199
375 + 496
88 + 888
648 + 257

Schriftliches Addieren bis 1000

1 **a)** Schreibe alle dreistelligen Zahlen auf, die du mit den Ziffern `6` `2` `4` bilden kannst!

b) Rechne Plus-Aufgaben mit diesen Zahlen!

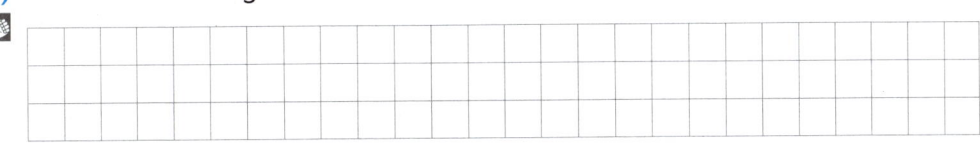

c) Bilde die Aufgaben mit der kleinsten und der größten Summe!

d) Bilde Aufgaben mit der gleichen Summe!

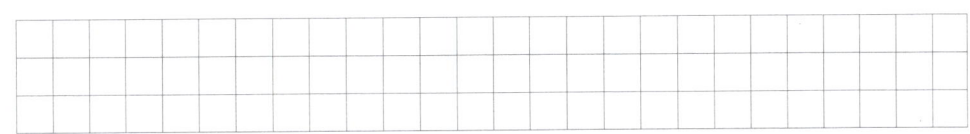

2 **a)** Nun sind alle Zahlen der Aufgabe 1 Summen. Berechne die fehlenden Zahlen!

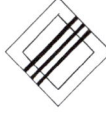

b) Bilde jetzt selbst Aufgaben mit diesen Summen!

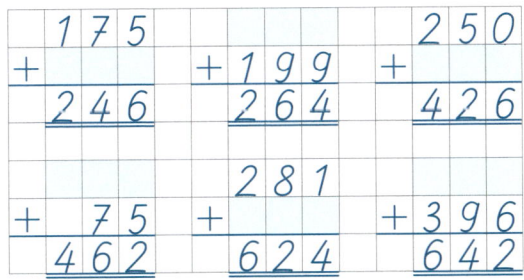

```
  175          250
+_ _ _   +199  +_ _ _
  246     264   426

        281
+_ 75  +_ _ _  +396
  462   624     642
```

```
+_ _ _        +_ _ _
  264           462

+_ _ _        +_ _ _
  624           642
```

3

```
  124      75     602     289     411
+205   +109    +149    +367    +398
+340   +413    +_ 98   +195    +109
```

Schriftliches Subtrahieren bis 1000

1

H Z E	H Z E	H Z E	H Z E	H Z E
7 8 6	6 5 9	9 9 9	8 7 8	5 7 4
− 3 5 2	− 2 3 7	− 6 8 7	− 5 6 7	− 5 7 2

L: 2, 225, 311, 312, 340, 356, 422, 434, n.l.

8 3 2	9 0 0	3 8 6	7 2 4
− 4 7 6	− 6 7 5	− 4 3 2	− 3 8 4

2

6 5 4	1 0 0 0	5 3 9	8 0 6	7 0 0
− 9 7	− 7 2 7	− 2 8 0	− 7 4 3	− 4 2 9

3 8 4	7 6 3	6 4 9	4 7 8	6 4 8
− 1 2 9	− 5 7 4	− 6 9 4	− 1 0 9	− 6 4 7

L: 1, 63, 189, 255, 259, 271, 273, 369, 557, n.l.

3 Schreibe richtig untereinander und subtrahiere schriftlich!

876 − 645
398 − 173
570 − 403
468 − 642

738 − 95
607 − 283
706 − 328
909 − 444

4 Entscheide selbst, ob du mündlich oder schriftlich rechnest!

299 − 199
475 − 396
988 − 888
648 − 257

1 a) Schreibe alle dreistelligen Zahlen auf, die du mit den Ziffern $\boxed{5}$ $\boxed{3}$ $\boxed{7}$ bilden kannst!

b) Rechne Minus-Aufgaben mit diesen Zahlen!

c) Bilde Aufgaben mit der kleinsten und der größten Differenz!

d) Mit welchen zwei Zahlen erhältst du die Differenz 198?

2 a) Nun sind alle Zahlen der Aufgabe 1 Differenzen. Berechne die fehlenden Zahlen!

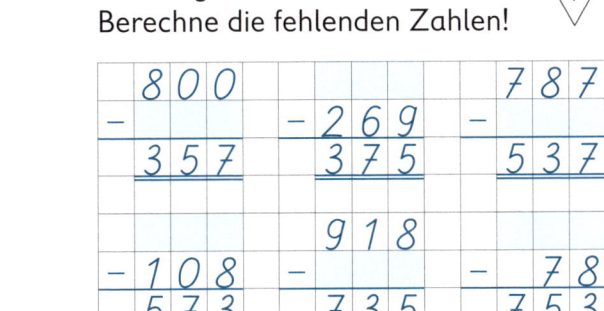

```
  8 0 0        _ _ _        7 8 7
-_ _ _       - 2 6 9      -_ _ _
  3 5 7        3 7 5        5 3 7

 _ _ _         9 1 8        _ _ _
- 1 0 8      -_ _ _       -  7 8
  5 7 3        7 3 5        7 5 3
```

b) Bilde jetzt selbst Aufgaben mit diesen Ergebnissen!

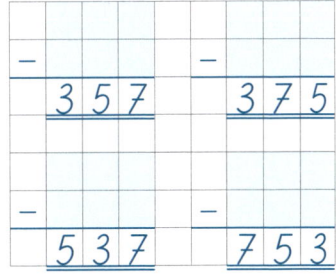

```
 _ _ _        _ _ _
-_ _ _       -_ _ _
  3 5 7        3 7 5

 _ _ _        _ _ _
-_ _ _       -_ _ _
  5 3 7        7 5 3
```

3 Setze immer so fort und rechne! Was entdeckst du?

```
  9 8 7       8 7        7
- 6 6 6     - 5 5 5    - 4 4 4     - _       - _
```

Schriftliches Addieren und Subtrahieren bis 1000

1

Aufgepasst! Plus oder minus?

258	832	608	572
+439	−376	+392	−638

1000	49	706	398
− 718	+873	− 76	+202

475	949	376	376
+355	−948	−434	+434

L: 1, 282, 456, 600, 630, 697, 810, 830, 922, 1000, n.l., n.l.

2

364	875	478	732	392
+522	−634	+386	−575	−471

87	936	374	879	462
+675	− 98	+626	−868	−462

L: 0, 11, 157, 241, 762, 838, 864, 886, 1000, n.l.

---

3 Rechne mündlich oder schriftlich!

a)
$406 + 350 =$
$970 - 324 =$
$534 + 365 =$
$796 - 470 =$

b)
$1000 - 555 =$
$276 + 524 =$
$680 - 669 =$
$499 + 229 =$

---

4 a) Ein Summand ist 425.
Die Summe ist 752.
Berechne den 2. Summanden!

b) Der Minuend ist 802.
Die Differenz ist 424.
Berechne den Subtrahenden!

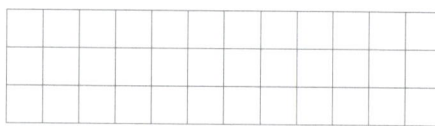

Addieren und Subtrahieren mit Kommazahlen

1 Rechne mit deinem Rechenweg!

a) $5,47 € + 2,57 €$ $4,86 € + 3,47 €$

$1,23 € + 4,56 €$ $7,58 € + 0,79 €$

b) $6,42 kg - 4,68 kg$ $9,69 kg - 7,43 kg$

$8,00 kg - 6,45 kg$ $7,27 kg - 0,86 kg$

2 a) $12,60 m + 8,75 m$

$7,52 m + 2,48 m$

$26,78 m + 9,67 m$

b) $8,75 € - 3,50 €$

$12,40 € - 7,99 €$

$5,50 € - 99 ct$

Skisprungrekorde

1 Ergänze die Tabelle!
Nutze dazu das Internet!

	Sprungschanze	Schanzenrekord 2011	Schanzenrekord 20___
Oberhof	Hans-Renner-Schanze	147 m	
Klingenthal	Vogtland Arena	146,5 m	
Brotterode	Inselbergschanze	123,5 m	
Lauscha	Marktiegelschanze	109 m	
Oberstorf	Heini-Klopfer-Schanze	225,5 m	

2 **a)** Welche Fragen kannst du mit Hilfe der Tabelle beantworten? Kreuze an!

○ Wie groß ist der Unterschied zwischen den Rekorden
auf der Klingenthaler und der Lauschaer Schanze 2011?

○ Wie viele Sprungschanzen gibt es in Oberstorf?

○ Wer sprang den aktuellen Schanzenrekord auf der Marktiegelschanze?

○ Um wie viele Meter wurde der Rekord auf der Inselbergschanze
im Jahr 20___ gegenüber 2011 verbessert?

○ Auf welcher Schanze können Spitzensportler etwa doppelt so weit
wie auf der Marktiegelschanze springen?

b) Beantworte die angekreuzten Fragen!

_____

_____

_____

c) Stelle selbst eine Frage zur Tabelle, rechne und antworte!

_____

_____

_____

_____

Das kann ich schon!

1 Rechne mit Pfiff!

3 6 0 + 5 8 0		4 9 8 + 3 7 0
5 8 0 + 3 6 0		7 5 0 − 5 9 9
9 2 0 − 2 7 0		6 6 6 + 2 9 9
9 2 0 − 6 5 0		8 9 8 − 2 9 8

2

+	8	60	75	270
400				
730				
523				

−	7	50	36	380
700				
860				
679				

3

2 7 0 + = 3 5 0	+ 2 4 0 = 5 0 0
7 2 0 − = 6 8 0	− 8 2 0 = 1 7 0
3 1 2 + = 4 0 0	4 9 9 + = 8 9 8
8 0 0 − = 7 3 6	9 9 9 − = 3 3 3

4 <, > oder = ?

3 7 5 + 2 9 9 ◯ 2 9 9 + 3 7 5		9 7 6 − 7 7 ◯ 8 8 8
7 3 1 − 3 6 2 ◯ 7 4 1 − 3 6 2		4 2 5 + 9 9 ◯ 5 2 5
6 8 7 − 5 8 7 ◯ 4 7 + 5 3		7 7 3 − 7 3 ◯ 6 0 0

5

6 7 4	2 8 9	5 4 2	6 7 1	6 5 8
4 7 6	+ 2 8 7	− 6 3 8	+ 2 0 8	− 6 5 8

6 **a)** Ein Summand ist 573. Die Summe ist 900. Wie groß ist der 2. Summand?

b) Berechne das Doppelte von 497!

Vervielfachen und Teilen bis 1000

1 **a)** Ergänze die fehlenden Zahlen!

10	20	30	40	50	60	70	80	90	100
110	120	130	140	150	160	170	180	190	200
210				250					300
310				350					400
410				450					500
510				550					600
610				650					700
710				750					800
810				850					900
910				950					1000

b) Kreuze im Zahlenfeld alle Vielfachen von 80 rot und alle Vielfachen von 60 blau an!

c) Was stellst du fest?

_____

2 **a)** Schreibe alle Vielfachen von 9 auf, die größer als 30 und kleiner als 90 sind! _____

b) Schreibe alle Vielfachen von 90 auf, die größer als 300 und kleiner als 900 sind! _____

c) Was stellst du fest? _____

3 **a)** Berechne den 5. Teil von 250!   **b)** Halbiere 730!

4 **a)** Schreibe eine Zahl auf, die Vielfaches von 20, 30, 40, 60 und 80 ist! _____

b) Welche Zahlen zwischen 200 und 300 lassen sich durch 20 und 40 teilen?

_____

30 ZONE

1 Teile die Geldbeträge durch 4! Schreibe passende Aufgaben!

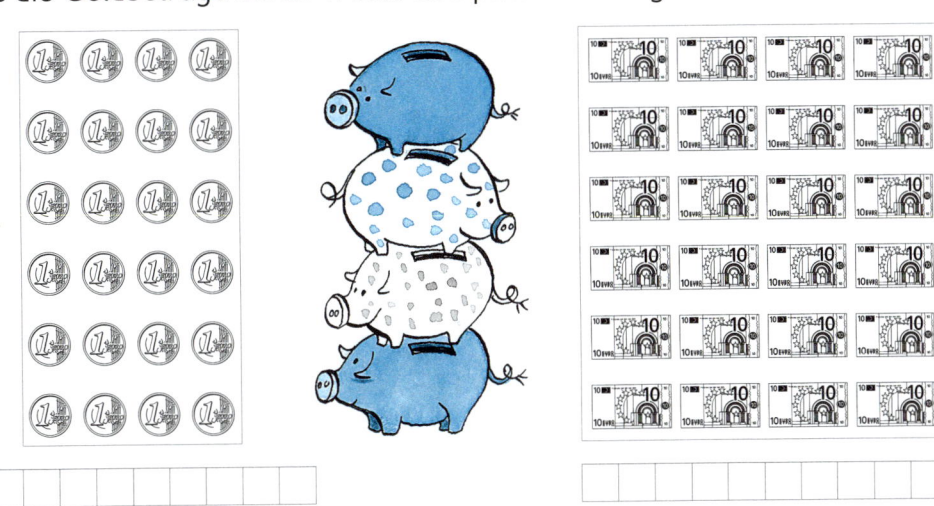

2 Teile die Geldbeträge durch 8! Schreibe passende Aufgaben!

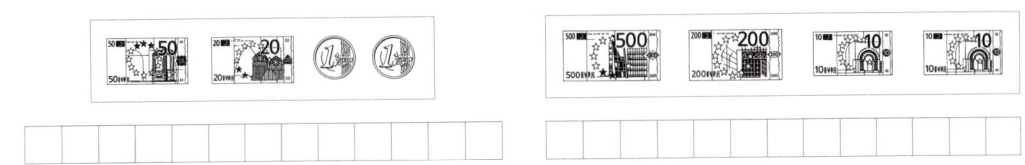

3 a) Kreuze alle Teiler von 42 an!

9 7 2 5 0 42

3 6 4 1 8

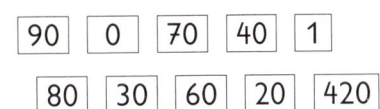

b) Kreuze alle Teiler von 420 an!

90 0 70 40 1

80 30 60 20 420

4 a) Löst die Zahlenrätsel!

Leas Zahl ist
– Teiler von 420,
– kleiner als 10,
  größer als 6.

Pauls Zahl ist
– Teiler von 450,
– kleiner als 100,
– größer als 80.

Marias Zahl ist
– Teiler von 1000,
– kleiner als 600,
– größer als 400.

b) Stellt euch gegenseitig solche Zahlenrätsel!
Gebt euch für jede richtige Zahl einen Punkt.

41

Mündliches Multiplizieren und Dividieren bis 1000

1 a)

30 · 7			
6 · 12			
21 · 4			
80 · 9			
40 · 20			

b)

720 : 8			
360 : 6			
600 : 20			
1000 : 50			
450 : 50			

L: 9, 20, 30, 60, 72, 84, 90, 210, 720, 800

2 Rechne geschickt!

630 : 70 =   320 : 80 =   810 : 90 =

420 : 60 =   450 : 90 =   210 : 30 =

640 : 80 =   540 : 60 =   490 : 70 =

3 Rechne und prüfe immer mit der Umkehraufgabe!

150 : 30 =   · 30 = 150
280 : 40
480 : 60
350 : 70
320 : 80

4

	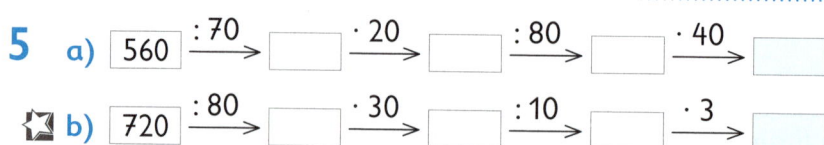 10	20	50	100	200
Anzahl	5	10	3	9	5
Geldbetrag in Euro					
Anzahl					
Geldbetrag in Euro	80	140	350	800	600

5 a) 560 $\xrightarrow{:70}$ ☐ $\xrightarrow{·20}$ ☐ $\xrightarrow{:80}$ ☐ $\xrightarrow{·40}$ ☐

b) 720 $\xrightarrow{:80}$ ☐ $\xrightarrow{·30}$ ☐ $\xrightarrow{:10}$ ☐ $\xrightarrow{·3}$ ☐

Rechenmuster und Rechenrätsel

1 Rechne im Kopf!

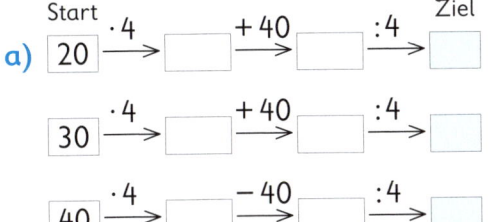

a) 20 →(·4)→ ⬜ →(+40)→ ⬜ →(:4)→ ⬜ Ziel

30 →(·4)→ ⬜ →(+40)→ ⬜ →(:4)→ ⬜

40 →(·4)→ ⬜ →(−40)→ ⬜ →(:4)→ ⬜

50 →(·4)→ ⬜ →(−40)→ ⬜ →(:4)→ ⬜

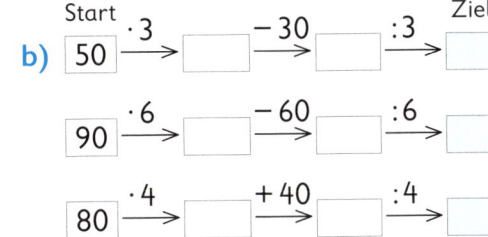

b) 50 →(·3)→ ⬜ →(−30)→ ⬜ →(:3)→ ⬜ Ziel

90 →(·6)→ ⬜ →(−60)→ ⬜ →(:6)→ ⬜

80 →(·4)→ ⬜ →(+40)→ ⬜ →(:4)→ ⬜

70 →(·5)→ ⬜ →(+50)→ ⬜ →(:5)→ ⬜

c) Was fällt dir bei den Rechenketten auf? _____

_____

_____

2 Ergänze!

·	2	8
30	120	
60	240	
90		

:	20	40	80
240			
480			
960			

3 Löse die Rechenrätsel!

a) Dividiere das Produkt von 70 und 9 durch 90!

b) Subtrahiere vom Produkt der Zahlen 80 und 4 die Zahl 160!

c) Das Produkt heißt 810. Ein Faktor heißt 90. Wie heißt der andere Faktor?

d) Wenn du eine Zahl mit 60 multiplizierst, erhältst du 480. Wie heißt die Zahl?

Einheiten der Zeit

1 Wie spät ist es? Gib immer beide Uhrzeiten an!

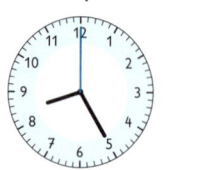  

_____ Uhr _____ Uhr _____ Uhr _____ Uhr

_____ Uhr _____ Uhr _____ Uhr _____ Uhr

2 Schätze, ob das sein kann und kreuze an! Begründe jeweils!

Wenn du dein Geburtsdatum schreibst, dauert es etwa 2 min.	◯ ja	◯ nein
Die Aufgabe 499 · 2 löst du in 30 s.	◯ ja	◯ nein
Deine Frühstückspause dauert 900 s.	◯ ja	◯ nein
In der Nacht schläfst du 550 min.	◯ ja	◯ nein
Wenn du 495 als Zahlwort schreibst, dauert es etwa 1 min.	◯ ja	◯ nein
Dein Lieblingslied ist 4 min 30 s lang.	◯ ja	◯ nein

3 Wandle um!

a) in Stunden

240 min = ____ h

120 min = ____ h

420 min = ____ h

660 min = ____ h

b) in Stunden und Minuten

100 min = _____

150 min = _____

186 min = _____

205 min = _____

c) in Tage

72 h = _____

12 Wo = _____

120 h = _____

15 Wo = _____

4 Josi erzählt: „Ich habe mich an vier Tagen der Woche 1 Stunde 15 Minuten zum Spielen mit Susanna getroffen."

a) Wie viele Stunden waren das insgesamt?

b) An zwei anderen Tagen der Woche kümmerte sich Josi jeweils eine Viertelstunde um ihre ältere Nachbarin.

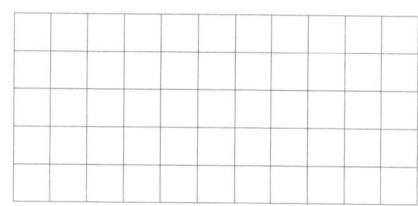

Zeitdauerberechnungen

1 Lea hat die täglichen Blütezeiten von einigen Blumen erforscht.
Ergänze ihre Blumenuhr!

Blume	Zeitdauer vom Öffnen bis zum Schließen der Blüten	Uhrzeit															gesamte Blütezeit an einem Tag
		4 Uhr	5 Uhr	6 Uhr	7 Uhr	8 Uhr	9 Uhr	10 Uhr	11 Uhr	12 Uhr	13 Uhr	14 Uhr	15 Uhr	16 Uhr	17 Uhr	18 Uhr	
Ringelblume	10 Uhr bis 16 Uhr																
Graslilie	7 Uhr bis 16 Uhr																
Weiße Seerose	6 Uhr bis 18 Uhr																
Löwenzahn	5 Uhr bis 9 Uhr																*4 h*
Mittagsblume	7 Uhr bis 14 Uhr																*7 h*

2 Finn hat erkundet, wann Vögel frühmorgens zu zwitschern beginnen.

Vogel	Lerche	Amsel	Meise	Star
Zeit	2:10 Uhr	2:55 Uhr	3:15 Uhr	4:50 Uhr

a) Wie viel Zeit vergeht zwischen dem ersten
Zwitschern der Vögel und deinem Aufstehen?

Du stehst _____ später als die Lerche,

_____ später als die Amsel,

_____ später als die Meise,

_____ später als der Star auf.

Meine Aufstehzeit

b) In der großen Hofpause um 9:30 Uhr hört Finn eine Amsel zwitschern.
Wie viel Zeit ist seit dem ersten Zwitschern der Amsel vergangen?

Halbschriftliches Multiplizieren bis 1000

1 **a)** Schreibe unter jedes Bild eine passende Mal-Aufgabe! Rechne!

b) Multipliziere! Du kannst dazu auch ein Bild malen!

$5 \cdot 11 =$

$4 \cdot 14 =$

$3 \cdot 26 =$

2

$41 \cdot 6$

$86 \cdot 4$

$32 \cdot 4$

$82 \cdot 3$

$43 \cdot 8$

$64 \cdot 2$

3 Rechne mit Pfiff!

$6 \cdot 59$

$5 \cdot 91$

$7 \cdot 29$

$9 \cdot 63$

$5 \cdot 54$

$8 \cdot 88$

$4 \cdot 99$

$5 \cdot 36$

Halbschriftliches Dividieren

1 a) Lege 360 €, 440 €, 180 €, 260 €!

b) Verteile jeden Betrag gleichmäßig an vier Personen!

360 € : 4 =   440 € : 4 =

180 € : 4 =   260 € : 4 =

2

90 : 3   90 : 5   90 : 9

72 : 8   72 : 6   72 : 4

280 : 7   420 : 7   630 : 7

3 Dividiere! Prüfe immer mit der Umkehraufgabe!

456 : 4 =   · 4 = 456

678 : 2

345 : 5

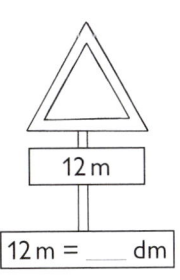

12 m

12 m = _____ dm

Aufgaben mit verschiedenen Rechenarten

1 Male die Zahlen, mit denen du zuerst rechnest, farbig nach!

a)

80 · 6 + 300	90 · 3 − 79
900 − 90 · 9	179 + 84 : 4
420 : 7 + 150	360 : 9 + 160
900 − 500 : 4	300 − 4 · 25

b) Ergänze: _Punktrechnung geht_

2 a)

3 · (60 + 3)	720 : (35 + 45)
7 · (20 + 4)	180 : (90 − 88)
8 · (90 − 2)	360 : (120 : 3)
4 · (80 − 6)	(270 + 270) : 6

b) Ergänze: _Zuerst rechne ich_

3

360 : 6 + 54	43 + 7 · 30
360 : (6 + 54)	760 : (98 − 88)
18 − 8 · 60	(97 − 97) · 97
(18 − 8) · 60	97 : 97 + 97

4 a) Multipliziere die Summe
von 150 und 250 mit 2!

b) Dividiere die Differenz
von 1000 und 100 durch 3!

c) Addiere das Produkt
von 40 und 6 zu 760!

Aufgaben mit verschiedenen Rechenarten

1 Rechne vorteilhaft!

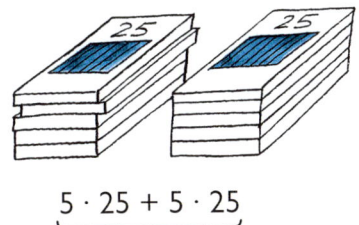

$5 \cdot 25 + 5 \cdot 25$

$\underbrace{5 \cdot 25 + 5 \cdot 25}_{10 \cdot 25}$

5	·	2	5	+	5	·	2	5			
8	·	4	2	+	2	·	4	2			
3	·	6	8	+	7	·	6	8			
6	·	9	9	+	4	·	9	9			
9	·	3	7	+	1	·	3	7			

2

1 7	·	2 1	+	3	·	2 1	=	2 0	·	2 1	=	
1 4	·	3 6	−	4	·	3 6						
2 8	·	3 2	−	8	·	3 2						
2	·	6 0	+	8	·	6 0						
6	·	9 0	−	6	·	9 0						

L: 0, 360, 420, 600, 640

3 Setze die fehlenden Zeichen und Klammern ein!

3 3 0	◯	3	= 1 1 0
3 3 0	◯	3 3	= 3 6 3
3 3 0	◯	3 3	= 2 9 7
3 3	◯	3	= 9 9

6 3 0	◯	4 2 0	◯	7 0	= 6 2 4
2 5 0	◯	5 0	◯	5	= 5 0 0
8 0	◯	8	◯	5 0	= 5 9 0
3 2 0	◯	4 0	◯	4 0	= 4

4 Setze die Klammern richtig!

3 0 · 6 + 2 = 2 4 0
7 − 2 · 1 5 = 7 5
9 0 · 9 − 2 = 6 3 0
1 2 + 8 · 8 = 1 6 0

8 0 0 − 8 0 : 9 = 8 0
4 2 0 : 1 0 0 − 9 4 = 7 0
2 5 0 + 5 0 : 5 = 6 0
2 5 0 + 5 0 : 5 = 2 6 0

5

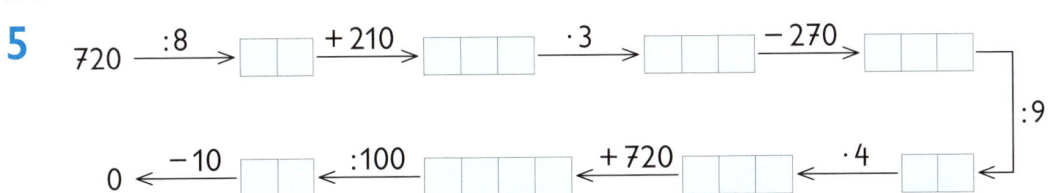

720 —:8→ ⬚⬚ —+210→ ⬚⬚⬚ —·3→ ⬚⬚⬚ —−270→ ⬚⬚⬚

:9

0 ←−10— ⬚⬚ ←:100— ⬚⬚⬚ ←+720— ⬚⬚⬚ ←·4— ⬚⬚⬚

Dreiecke und Kreise

1 Zerlege ein Quadrat durch Geraden in

a) 2 Dreiecke, **b)** 3 Dreiecke, **c)** 8 Dreiecke!

2 Zeichne einen Kreis mit dem Radius r = 2 cm und einen Kreis
mit dem Durchmesser 4,8 cm!

×
A

×
B

3 **a)** Verbinde die Punkte zu Dreiecken! Verwende verschiedene Farben!

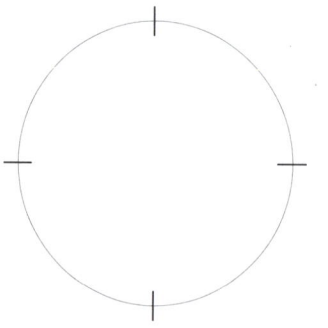 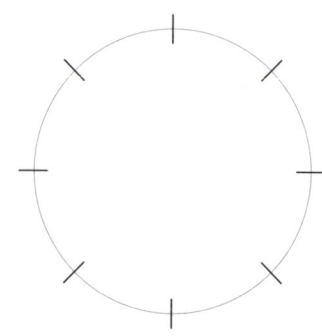

b) Zeichne rechte Winkel farbig nach!

Vierecke

1 Zerlege ein quadratisches Blatt, indem du es zweimal faltest, in

a) 4 Quadrate,   **b)** 3 Rechtecke,   **c)** 4 Rechtecke!

Zeichne deine Faltlinien ein!

2 Zeichne verschieden große Quadrate und Rechtecke!

3 Zeichne frei Hand

a) ein Dreieck mit 2 gleich langen Seiten,

b) ein Rechteck, das kein Quadrat ist,

c) ein Viereck, das kein Rechteck ist!

d) Prüfe deine Zeichnungen mit dem Geo-Dreieck!

Parallelogramme, Vergrößern und Verkleinern

1 Falte ein quadratisches Blatt aus einer Zettelbox so, dass du zwei zueinander parallele Linien erhältst! Zeichne verschiedene Möglichkeiten auf!

2 Zeichne verschieden große Parallelogramme! Miss die Seitenlängen und schreibe die Ergebnisse an die Vierecke!

3 Ergänze zu Parallelogrammen!

4 Zeichne die Figuren vergrößert, indem du alle Seitenlängen verdoppelst!

a)   b)   c)   d)

Vergleichen von Flächen

1 Vergleiche die Flächen und ergänze <, > oder = !

a)

b)

c)

2 Ergänze eine Figur mit gleich großer Fläche, aber anderer Form!

a)

b)

c)

3

A   B   C

D   E   F   G

H   I   J   K

Welche Flächen sind gleich groß? Ergänze die Buchstaben!

gleich große Flächen wie A: _____

gleich große Flächen wie B: _____

gleich große Flächen wie C: _____

4 Zeichne 3 Rechtecke mit verschiedenen Formen, aber gleich großer Fläche!

Symmetrische Figuren

1 Welche Figuren haben eine Spiegelachse?
Zeichne die Spiegelachsen ein!

2 Ergänze die Spiegelbilder!

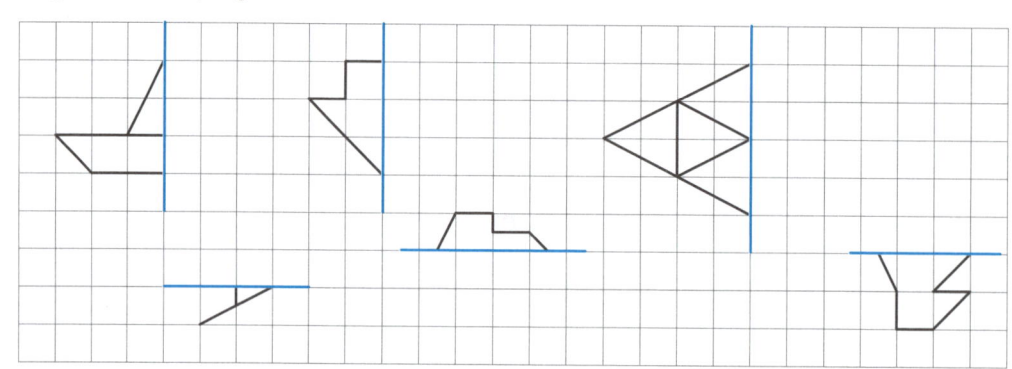

3 Falte und
schneide ein
Blatt Papier
so, dass
du folgende
Figuren
erhältst:

a)

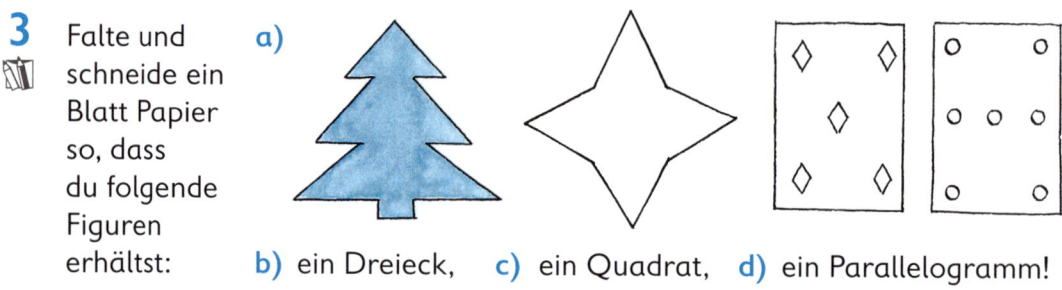

b) ein Dreieck, **c)** ein Quadrat, **d)** ein Parallelogramm!

4 **a)** Erkunde weitere Faltmuster! Zeichne zwei schöne Faltmuster!

b) Sprich mit deinen Mitschülern über deine Faltmuster!

Muster zeichnen und fortsetzen

1 **a)** Zeichne die Figuren in die Quadrate und male sie aus!

b) Sprich mit anderen Kindern darüber, wie ihr die Figuren gezeichnet habt!

2 **a)** Zum Parkettieren eines 6×6-Quadratfeldes darfst du nur eine der Formen nutzen. Kreuze an, welche Formen sich hierfür eignen!

A ◯   B ◯   C ◯   D ◯

b) Parkettiere mit zweien deiner angekreuzten Formen die beiden 6×6-Quadratfelder!

Schriftliches Multiplizieren bis 1000

1 Ordne jedem Bild die richtige Aufgabe zu und löse die Aufgaben!

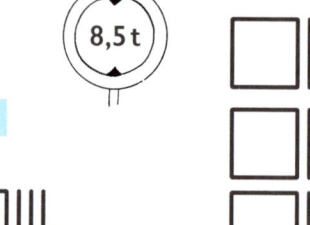

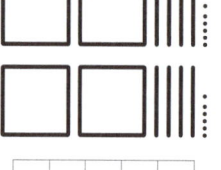 4 · 125   2 · 431   3 · 246

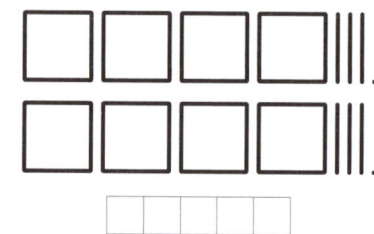

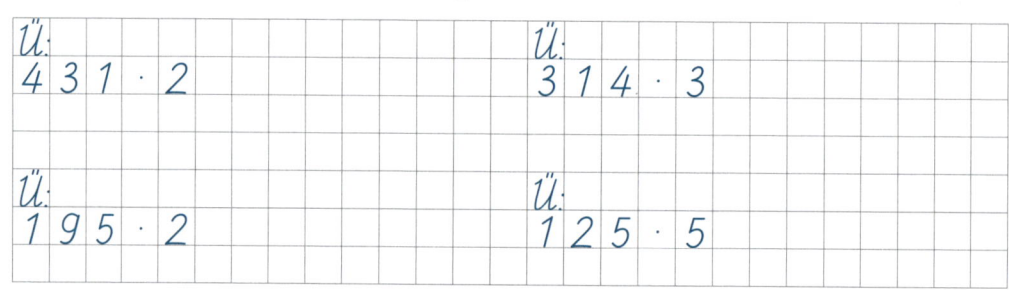

2 Überschlage zuerst, dann rechne genau!

Ü:
4 3 1 · 2

Ü:
3 1 4 · 3

Ü:
1 9 5 · 2

Ü:
1 2 5 · 5

3 Prüfe, ob Erika richtig gerechnet hat! Welchen Fehler hat sie gemacht?

4 3 6 · 2
   8 6 2

2 9 7 · 3
   6 7 1

4 · 3 4 5
  1 2 8 0

5 · 1 9 8
   9 5 0

4 Überschlage zuerst, dann rechne genau!

Ü:
2 6 7 € · 3

Ü:
3 8 9 € · 3

Ü:
1 7 7 € · 5

Ü:
2 1 7 € · 4

H Z E

Schriftliches Multiplizieren bis 1000

1 Überschlage zuerst, dann rechne genau!

Ü:
313 · 3

Ü:
393 · 2

Ü:
428 · 2

Ü:
232 · 4

Ü:
909 · 2

Ü:
189 · 5

Ü:
109 · 7

Ü:
178 · 5

Ü:
225 · 3

2
Ü:
253 m · 2

Ü:
41 m · 7

Ü:
108 m · 9

Ü:
160 kg · 6

Ü:
78 kg · 6

Ü:
94 kg · 8

3 Welche Zahlen sind hier verdeckt?

a)
2 ▧ 9 · 3
7 7 ▧

4 4 ▧ · 2
8 0

2 7 4 · ▧
2 2

3 3 · 3
▧ 9

b)
3 ▧ 6 · 3
▧ 5 ▧

▧ 3 · 3
7 8 ▧

4 8 · ▧
1 6

▧ 9 ▧ · 3
5 ▧ 8

4 Der Drachen von Lisa und Tim fliegt etwa 18 m
über dem Erdboden. Zur gleichen Zeit segelt
ein Segelflugzeug etwa 9-mal so hoch über der Erde.
Wie hoch fliegt das Flugzeug ungefähr?

Rechenmuster

1 Ergänze!

a)
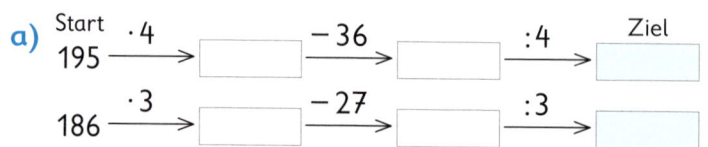

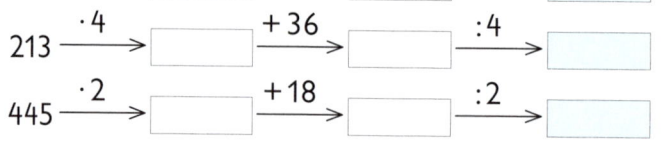

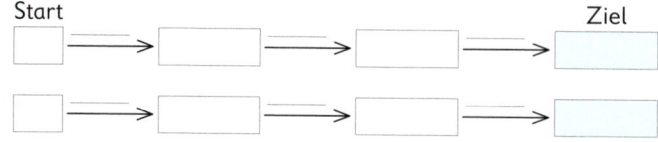

b) Was fällt dir auf?

_____

_____

_____

_____

_____

c) Erfinde selbst Rechenketten!

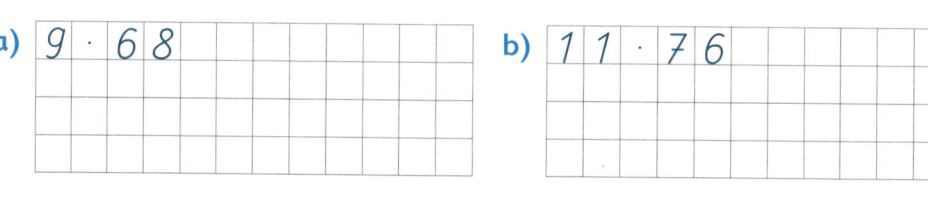

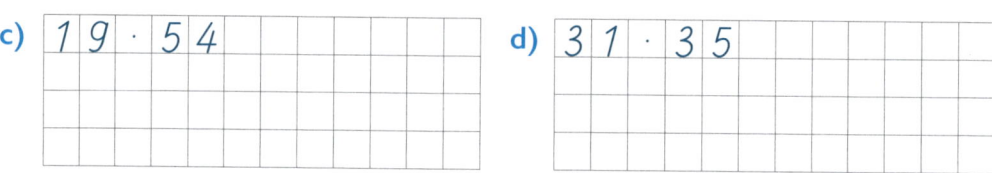

_____

_____

2 Rechne mit Pfiff!

a) 9 · 6 8

b) 1 1 · 7 6

c) 1 9 · 5 4

d) 3 1 · 3 5

3 Rechne! Bilde dann die Differenz zwischen den Ergebnissen!

a) 57 + 6 : 3 = ☐

(57 + 6) : 3 = ☐

b) 357 + 6 : 3 = ☐

(357 + 6) : 3 = ☐

 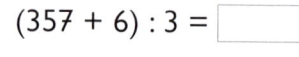

Multiplizieren und Dividieren mit Kommazahlen

1 Die Grundschule an der Mühle
kauf neue Sportgeräte.

Potsdam 49 km

Hanteln
pro Stück   **11,99 €**

Fitnessmatte
180 × 60 cm   **5,99 €**

Tennisschläger
39,99 €

Springseil
mit Computer   **3,99 €**

Schnorchelset
für Kinder   **15,99 €**

Laufband
169,99 €

a) Herr Hase bestellt 4 Paar Hanteln und 2 Schnorchelsets.

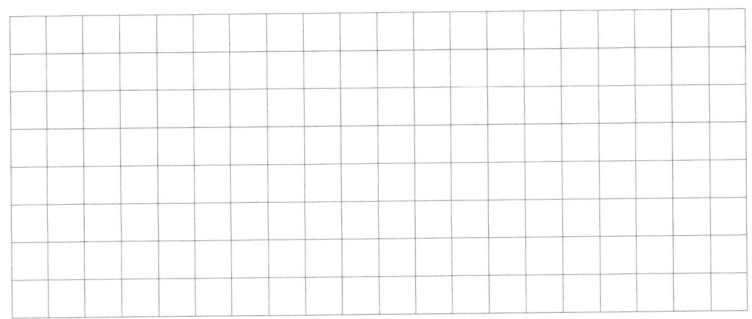

Frage!
Rechne!
Antworte!

b) Frau Klose möchte 8 Tennisschläger und 2 Fitnessmatten.

c) Für die Turnhalle können Geräte für etwa 500 € gekauft werden.

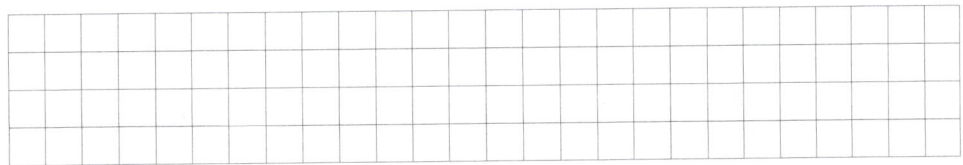

d) Was hat Herr Martin für 47,88 € gekauft?

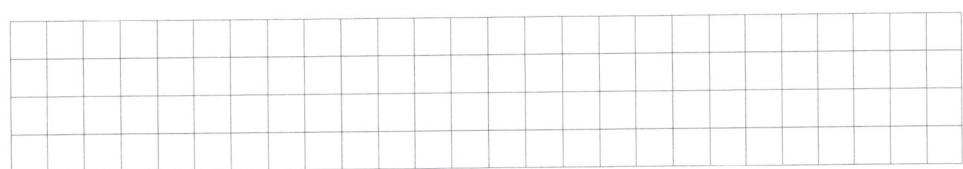

Zufallsexperimente

1 Lege in eine Kiste 6 Kugeln (3 blaue, 3 weiße) und lege einen Würfel bereit!

Du gewinnst, wenn du eine blaue Kugel ziehst.

Nicht hinsehen, wenn du eine Kugel ziehst!

Du gewinnst, wenn du eine 2, 4 oder 6 würfelst.

a) Vermute, ob du mit den Kugeln oder mit dem Würfel die größere Gewinnchance hast! Begründe! _____

_____

_____

b) Probiere jeweils 10-mal! Trage deine Ergebnisse in die Tabelle ein!

Versuch	1.	2.	3.	4.	5.	6.	7.	8.	9.	10.
Kugeln ziehen										
Würfeln										

c) Vergleiche die beiden Experimente mit deiner Vermutung! Was stellst Du fest? _____

_____

_____

2 Wählst du die Kugelkiste oder den Würfel? In der Kiste sind zwei blaue und vier weiße Kugeln. Du gewinnst, wenn du eine blaue Kugel ziehst oder eine 2, 4 oder 6 würfelst. Begründe!

_____

_____

_____

_____

Das kann
ich schon!

1 a)

80 · 4			
31 · 7			
200 · 4			
232 · 3			

b)

800 : 200			
900 : 30			
700 : 2			
690 : 3			

2

· 10	
48	
	900
67	
	320

· 100	
10	
	400
8	
	900

: 10	
520	
	73
990	
	100

: 100	
1000	
	7
800	
	0

3

Dividiere
mit Rest!

38 : 3	
94 : 7	
77 : 2	
85 : 4	

124 : 5	
425 : 7	
637 : 3	
834 : 4	

4 a)   248 · 4   86 · 7   4 · 198   872 · 0

b)   3 · 2,99 €   3,08 € · 3   0,59 € · 6

5

8 h =	min
10 h =	min
3 min =	s
9 min =	s

540 min =	h
60 min =	h
360 s =	min
120 s =	min

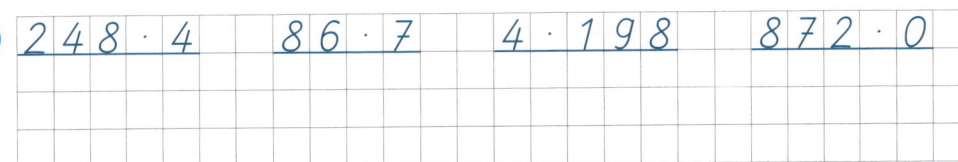

6 a) Berechne den Quotienten
aus 497 und 7!

b) Die beiden Faktoren sind 5 und 139.
Berechne das Produkt!

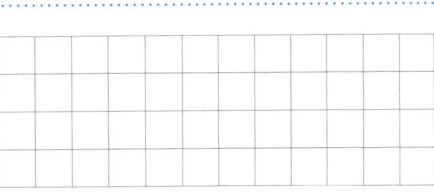

H	Z	E

Auf Fehlersuche

Finde Fehler!
Überlege, wie die Fehler entstanden sein könnten und berichtige!

1

$416 + 54 = 470$
$382 + 11 = 392$
$564 + 8 = 556$
$925 - 72 = 853$
$273 - 14 = 287$
$690 - 69 = 631$
$420 - 81 = 340$

Berichtigung:

2

435	605	943	817	586
$+268$	$+295$	-256	-457	-279
703	700	713	367	307

Berichtigung:

3

$18 \cdot 5 = 90$
$41 \cdot 7 = 280$
$99 \cdot 9 = 909$

$484 : 2 = 242$
$963 : 9 = 93$
$505 : 5 = 101$

$7 + 0 \cdot 5 = 0$
$(8 + 6) : 7 = 2$
$1 + 1 \cdot 3 = 5$

Berichtigung:

4

$284 \cdot 3$
852

$17 \cdot 30$
421

Berichtigung:

Logische Spiele und Zauberfiguren

1 Ergänze die fehlenden Zeichen!

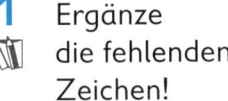

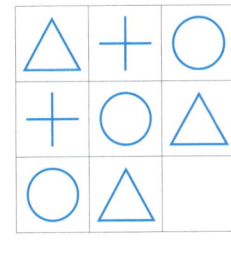

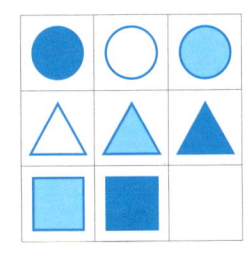

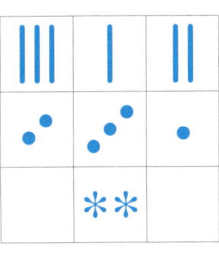

2 Ergänze die Zahlen- und Rechenmuster!

a)

25	30	35		
5	6			

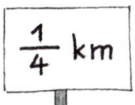

$\frac{1}{4}$ km

b)

4	6	8		
104	106			

c)

36	54	72		
27	45			

d)

8	15	16		
7	1	14		

3 a)

2		
	5	
4		8

Zauberzahl: 15

20	70	

Zauberzahl: 150

Zauberzahl: 600

b)

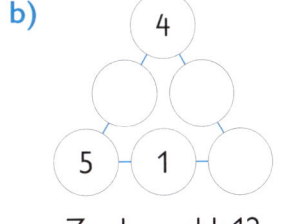

Zauberzahl: 12

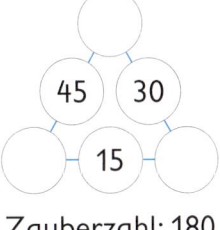

Zauberzahl: 180

c)

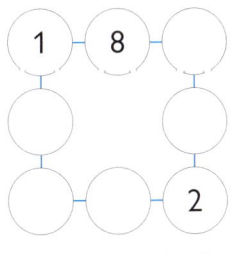

Zauberzahl: 12

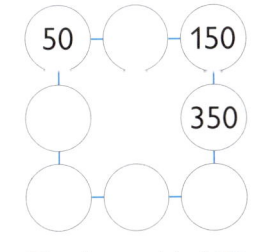

Zauberzahl: 600

Zauberzahl: 360

Aus der Knobelkiste

1 **a)** Bilde aus 6 Dreien 3 Zahlen.
Die Summe der 3 Zahlen
soll 369 sein.

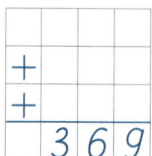

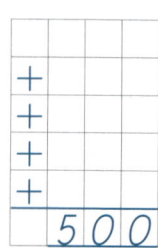

b) Bilde aus 8 Vieren 5 Zahlen.
Die Summe der 5 Zahlen
soll 500 sein.

2

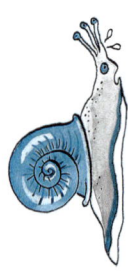

Eine Schnecke sitzt in 20 m Tiefe in einem ausgetrockneten Brunnen. Sie möchte wieder nach oben. Bei Tag kriecht sie an der Wand 4 m hoch, bei Nacht rutscht sie wieder 3 m zurück. Nach wie vielen Tagen ist sie oben am Rand angelangt?

3 **a)** Setze die Zahlen 100, 200, 300, 400 und 500 so in das Zahlenkreuz ein, dass du waagerecht und senkrecht die gleiche Summe erhältst.

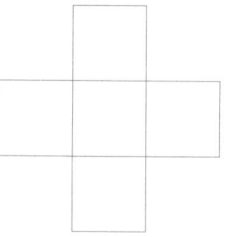

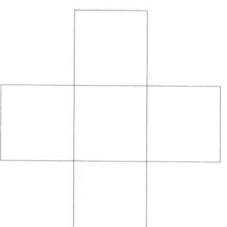

b) Wie viele verschiedene Möglichkeiten gibt es hierfür? _____

4 Lege 4 Stäbchen so um, dass 3 gleiche Quadrate entstehen!

Zeichne deine Lösung auf!